The Great Entente Cordiale

In memory of...à la mémoire de

Geoffrey Dickinson
Artist Cartoonist
1933 – 1988

Acknowledgements:

Remerciements:

Chantal BARON, Olivier BEYTOUT, CARTOONISTS'
CLUB of Great Britain, Janine CUKIERMAN, EXPRESS
NEWSPAPERS, L'EXPRESS, François FORCADELL, Pat
HUNTLEY, Magali NOEL, Marion de PLAS, PUNCH,
Mimi RIOU, Anne VIALARD, Marielle VIALARD.

Published by Quiller Press Ltd,
46 Lillie Road, London SW6 1PN

ISBN 0907621 97 X

Text designed by Carrods Graphic Design.
Cover by Kate Hughes Stanton

Design and Production in association with
Book Production Consultants, Cambridge

Typeset by Cambridge Photosetting Services

Printed in Great Britain by Richard Clay Ltd, Bungay, Suffolk.

Front cover illustration – Ffolkes
Back cover illustration – Avoine

The Great Entente Cordiale

The Battle of the Cartoons

Edited by James Darwen

Quiller Press

— Introduction —

This is the second Great Entente Cordiale. The first was in 1904. The colonial lines had been drawn out. Both nations were fairly satisfied with what they had got. The vile posturings of Kaiser Wilhelm were viewed with some degree of trepidation both by the French who remembered the Prussian occupation of Paris and by Edward VII who remembered the general beastliness of his cousin and some very happy holidays in Paris. We both vowed mutual and everlasting friendship.

The pact was made and we haven't looked forward since.

France remains for the English, and England for the French, the country you love to have and hate to love.

In England, over his pebbledash cereal breakfast, good old Johnny Bull will read the headlines "DE GAULLE/POMPIDOU (can this really be a name?)/GISCARD/ NAPOLEON/MITTERAND ONCE AGAIN IS BEHAVING QUITE ABOMINABLY OVER THE COMMON MARKET AGRICULTURAL POLICY, TRYING TO HOG EVERYTHING FOR THEMSELVES AND NOT SURPRISING EITHER

HORRIBLE NASTY LITTLE PEASANTS THAT THEY ARE" and then he will turn with suburban sophistication to page seven or whatever to read the latest from the freebie-hack of the day extolling the delights of a holiday in the underdeveloped pasture lands of, say, Brittany where – and what charming witty gallic characters you do meet – where you can buy a slap up seven course meal for sixty-five francs and still have change for a pair of red espadrilles, a throw away lighter with the Eiffel Tower on it, a porcelain cow full of nougat, a folder of dirty postcards, and a forty-eight pack of lager and six bottles of an amusingly rough wine at the Calais hypersuper-supermarket.

In France, too, bending his head to slurp up the morning glass of pastis, the Frenchman will read the pithy, simpler "LES ANGLAIS" and know immediately that Thatcher has been at it again, trying to change the rules of the Common Market with some machievellian plot to impose daily milk deliveries on the doorsteps of the poor Frenchman and to compell him to eat leeks longer than the market's statutory 29.7 centimetres. But equally, this will not

Introduction

La seconde Entente Cordiale. La première Grande Entente Cordiale, c'était en 1904. On s'était mis d'accord sur les frontières coloniales. Les deux nations étaient assez satisfaites de ce qu'elles avaient obtenu. Les infâmes poses du Kaiser Guillaume étaient considérées avec quelque émoi, à la fois par les Français qui se rappelaient l'occupation de Paris par les Prussiens, et par Edouard VII qui n'oubliait ni la brutalité prussienne de son cousin, ni certaines joyeuses vacances à Paris. Les deux nations se promirent alors une amitié mutuelle éternelle.

Le pacte était conclu, et depuis nous en sommes toujours là.

La France est toujours pour les Anglais et l'Angleterre pour les Français le pays que l'on déteste adorer et que l'on adore détester.

En Angleterre tout en dégustant son petit déjeuner à base de céréales mouchetées, Johnny Bull lit les gros titres: ''DE GAULLE/ . . ./POMPIDOU (on n'a pas idée d'avoir un nom pareil) /GISCARD/ NAPOLEON/MITTERAND ONT UNE FOIS DE PLUS UNE ATTITUDE ABOMINABLE FACE A LA POLITIQUE AGRICOLE DU MARCHE COMMUNE EN ESSAYANT DE TOUT BOULEVERSER A LEUR AVANTAGE CE QUI N'EST PAS SUPRENANT, HORRIBLES PETITS PAYSANS QU'ILS SONT, ET MECHANTS AVEC ÇA!'' Puis il se rendra en banlieusard sophistiqué à la Page 7 pour lire le dernier article du scribouillard du jour exaltant les délices de vacances dans ces pâturages sous-developpés de -disons - la Bretagne où -quels charmants personnages gáulois pleins d'esprit on rencontre là-bas! – où un somptueuxe repas de sept plats ne coûte que 65 Francs, et il vous reste encore assez de monnaie pour acheter une paire d'espadrilles rouges, un briquet jetable avec une effigie de la Tour Eiffel, une vache en porcelaine remplie de nougat, une pochette de cartes postales coquines, un carton de 48 canettes de bières et six bouteilles d'un amusant vin râpeux au hypersuper-supermarché de Calais.

Quant au Français, tout en sirotant son verre de pastis matinal, lui, il lira le succint et plus simple ''LES ANGLAIS'' et saura immédiatement que Thatcher a encore fait des siennes pour essayer de changer les règles du Marché Commun avec un plan machiavélique qui obligerait ces pauvres Français à livrer chaque matin le lait aux portes des maisons et à manger des

stop him, particularly if he is one of the more noisesome taxi drivers, breathing heavy garlic fumes at the Englishman and informing him that Lady Di is a beautiful lady and so is Princess Anne, the Queen and duchesse Yorkie, even if their hats are rather odd, and that, if they had more chaps like Thatcher, France would not be in the socialist mess that it is in today, n'est-ce pas?

But despite and beyond this ambivalence it must honestly be said that for the Englishman, the French are not only a joke, but in many cases, a bad joke.

Whatever European liberalism may have crept into the Englishman's psyche, and despite the natural disadvantages the average Frenchman might start off with, being runtish (average height five foot one and a half), being endowed with an inability either to speak English correctly or to shave properly at least twice a week, being totally immune to the most basic ideas of personal hygiene (once again the United Nations commission on General Cleanliness and Spick and Spanness reports that France is bottom of the European league tables for soap use – 1.8 bars of soap per annum per person as opposed to England's 24.4 bars)...despite all these compensatory factors and excuses, your average Jeannot Frog is a source of perverse black humour that would make your basic Orton or Stoppard character look like a sympathetic extra from the Salvation Army's Moral Guide to Children.

Ah yes, it echoes of George VI ("Abroad is bloody") to say that Wogs start at Calais, but for many an Englishman, except for those lucky enough to cross over via Zeebrugge, France is their first foreign country. With the first whiff of the disgusting tabacco, and the stomach turning pong of the ubiquitous allium sativum, they know that those merry expansive welcoming extras from "An American in Paris" were only the figments of the Hollywood screenwriters' inebriated imagination. The sullen stare of the passport examining person in response to that first hard learnt "bonjour" confirms this, and "merci" is the French for "thank you", isn't it?

The joke goes on. Those, boringly enough from Basingstoke, who are used to cars stopping at the zebra crossings are bewildered. What exactly is the significance of a zebra crossing in France? Is it that you score an extra point in the insurance stakes if you are run over on one? Perhaps, but it is scanty compensation for the fact that some Maurice Chavalier lookalike is boring you to death, singing some feeble thirties song in an atrocious accent to the accompaniment of a badly played accordion.

Their tedious handwaggling behaviour can only be put down to their deplorable dietary habits.

Ah the food?

Wisely from the bitter experience culled from the readings of the correspondence columns of the more enlightened women's magazines, the Englishman has assiduously learnt the words for snail and slug, frog and toad, before he ventures across the English Channel...but what are these other slimy, smelly things lurking in the ridiculous messed up sauces? The mind boggles, the stomach heaves, the fruit salts

poireaux de longueur règlementaire (29,7 cm). Et pourtant, cela ne l'empêchera pas, ce Français, surtout si c'est l'un de ces chauffeurs de taxi particulièrement bruyants qui soufflent de lourdes effluves d'ail à la figure de l'Anglais de lui confirmer que Lady Di est une belle dame comme la Princesse Anne, la Reine et la duchesse Yorkie, même si leurs chapeaux sont un peu bizarres, et aussi que, s'il y avait un peu plus de types comme Thatcher en France, le pays ne serait pas dans la pagaille socialiste dans laquelle il se trouve aujourd'hui, is not it?

Mais malgré et au delà de cette ambivalence, il faut honnêtement reconnaître que, pour l'Anglais, le Français n'est pas seulement une plaisanterie, mais encore une mauvaise plaisanterie.

En dépit du libéralisme européen qui s'est faufilé dans l'esprit des Anglais et des quelques tares naturelles dont les Français sont affligés dès le départ, presque nains (taille moyenne: cinq pieds un pouce et demi), incapables de parler Anglais correctement ou de se raser proprement au moins deux fois par semaine, totalement imperméables aux règles d'hygiène les plus fondamentales (une fois de plus, la commission des Nations Unies sur la Propreté Générale Comme Un Sou Neuf rapporte que la France est en queue des nations Européennes pour la consommation annuelle de savons alors que les Anglais, eux, consomment 24,4 savonnettes par personne et par an), en dépit donc de toutes ces excuses et circonstances atténuantes, votre Jeannot Grenouille moyen est une source d'humour noir pervers auprès de qui un personnage banal d'Orton ou Stoppard n'est que le sympathique modèle d'un livre de morale

pour les enfants publié par l'Armée du Salut.

Ah oui, c'est citer George VI (l'Etranger c'est l'enfer) que de dire que les Sauvages commencent à Calais, et pour la plupart des Anglais, excepté ceux qui ont la chance de passer par Zeebruge, la France est leur première rencontre avec un pays étranger. Dès la première bouffée de ce tabac dégoutant et le premier haut le coeur provoqué par cet allium sativum omniprésent, ils savent que ces figurants accueillants et extrovertis d'''un Américain à Paris'' ne sont que les produits de l'imagination de scénaristes hollywoodiens en état d'ébriété. L'air renfrogné du contrôleur de passeport en réponse à ce premier ''bonjour!'' si difficile à apprendre ne fait que confirmer cette impression et, dite- moi, est-ce que ''merci'' n'est pas la traduction française de ''thank you''?

La plaisanterie continue. Ceux qui habitent l'ennuyeux Basingstoke et qui ont l'habitude de s'arrêter aux passages cloutés sont bien étonnés. A quoi servent les passages cloutés en France? Est-ce qu'on marque un point supplémentaire aux jeux de l'assurance si on est renversé dessus?

Et puis ces mains qui s'agitent constamment ne peuvent qu'être mises au compte de leurs deplorables habitudes alimentaires. Ah, la nourriture!

Tirant fort sagement la leçon des expériences amères trouvées dans la correspondance des magazines féminins les plus éclairés, l'Anglais a assidúment appris les équivalents français d'escargot et de limace, de grenouille et de crapaud, avant de s'aventurer de l'autre côté de la Manche . . . Mais que sont donc ces choses gluantes et puantes qui se cachent dans les sauces ridiculement gâchées? L'esprit

fizz. Hoof and claw in strange places. It is hardly surprising that the French are so stunted in their growth if that's the kind of thing they eat.

The stout old gentleman at the corner of the champs de Mars under the shadow of the Eiffel Tower, feeding the pigeons, is no orniphile, he is just fattening up his next supper.

Listen for the birdsong in the French countryside, there is none. They are all in the pot and the only sound one hears is of the cicadas and other crawlies who are presumably too quick to have the hollandaise or parsley sauce treatment done to them. On insects in France...don't touch the caviar, any more than you drink the water or sit on a lavatory seat.

And then, of course, they vilely boast that they have as many cheeses as there are days in the year. Pretty smelly days they must have too and, there again, you are what you eat as some chinese philosopher (Mao?) very rightly said.

And it's all very well their complaining and sniffling about The Great English Lamb. If they cooked it properly as they do in good old downtown Rickmansworth, a good sizzling two and half hours and served up with mint sauce and a nice brown gravy out of a packet, they would know what it was all about, instead of bunging it in the oven for a quick half hour and eating the gory stringy mess with their grubby little fingers. And only a nation that was over preoccupied with making a quick handful of real English money could have invented nouvelle cuisine – small helpings and low cooking and preparation costs.

On a higher and more philosophical note, the Englishman knows that the essential problem of the French is that they are full of complexes.

Not only did they make a mess of the first world war, not only did they let the decent English fighting man down at Dunkirk, not only are they still smarting over the fact that they got the worst bits of Africa and points east when colonization was the name of the game, not only do they have to share their silly miss-spelt language with bits of Belgium and Switzerland and, ugh, Canada, not only do they flaunt their unsavoury washing habits by having bidets in their rudementary bathrooms – and some vile sexual dealings rear their hideous rumps here – not only are their general business dealings with the rest of Europe such as to make a day in the court of Byzantium or buying a stamp in the Austro-Hungarian Empire seem as simple and mindless as watching "Dallas" on television, but, but, they are convinced that the only way to literary excellence is to write novels where, elegantly and interminably, nothing ever actually happens at all. The fact that these novels are never longer than 32,000 words, again, is scant compensation. The fact that no Frenchman ever reads fiction is neither here nor there.

This is not the case of non-fiction where the Frenchman will, at least, buy several pseudo-psycholigical treatises on the refinement of French thought throughout the ages starting with Rabelais moving on through Zola, yawning on up through Proust, up and up to Asterix and other comic book tripe.

The cynic will say that this is a pitiful

rechigne, le coeur se soulève, les sels digestifs pétillent. Sabot et griffe dans des drôles d'endroits. Ce n'est pas étonnant que les Français grandissent si peu si c'est comme ça qu'ils se nourissent.

Le vieux Monsieur grassouillet qui nourrit les pigeons au coin du Champ de Mars à l'ombre de la Tour Eiffel n'est pas orniphile, il est engraisse le plat de son diner du soir.

Ecoutez le chant des oiseaux dans la campagne française: il n'y en a point. Ils sont tous dans la casserole et le seul son que l'on entend c'est celui des cigales et autres animaux rampants, trop rapides pour avoir eu droit à la sauce hollandaise ou au persil. Ah les insectes en France. . . . gardez vous bien de toucher à leur caviar, de boire leur eau ou de vous assoir sur le siège de leurs toilettes.

Et naturellement, ils disent qu'ils ont autant de fromages qu'il y a de jours dans l'année. Plutôt puants les jours. Ici encore on est ce qu'on mange comme disait avec raison un philosophe chinois (Mao?)

Sans compter toutes ces plaintes et ces pleurnicheries sur Le Grand Agneau Anglais. Si au moins ils le faisaient cuire correctement comme dans cette bonne ville de Rickmansworth, deux bonnes heures et demie dans le four, servi avec une sauce à la menthe et une bonne sauce brune en paquet, ils sauraient ce que c'est au lieu de le jeter au four une petite demie heure et de manger ce désastre sanglant et filandreux avec leurs petits doigts sales. En outre, seule une nation qui ne pense qu'à gagner rapidement de l'argent sur le dos des Anglais peut avoir inventé la Nouvelle cuisine – petites portions et faibles coûts de préparation et de cuisson.

Si l'on veut élever le débat, les Anglais savent bien que le problème essentiel des Français est qu'ils sont pleins de complexes.

Non seulement ils ont bousillé la première guerre mondiale, non seulement ils ont complètement laissé tomber les combattants anglais à Dunkerque, non seulement ils ne se sont jamais consolés d'avoir eu les plus mauvais morceaux de l'Afrique et de l'Orient quand la colonisation était le jeu à la mode, non seulement ils doivent partager leur stupide langue impossible à orthographier avec des bouts de le Belgique et de la Suisse et, ouh!, du Canada, non seulement ils affichent leurs dégoûtantes habitudes d'hygiène personnelle en mettant des bidets dans leurs rudimentaires salles de bains, – quelques ignobles échanges sexuels montrent leurs croupes hideuses là-dedans – non seulement leurs relations d'affaires avec le reste de l'Europe sont telles qu'à côté, un jour à la cour de Byzance ou l'achat d'un timbre dans l'empire austro-hongrois auraient l'air aussi facile et sans problème que regarder Dallas à la Télévision, mais, mais, ils sont convaincus que le seul chemin vers l'excellence en littérature est d'écrire des romans où, interminablement et élégamment il ne se passe rien du tout. Le fait que ces romans ne soient jamais de plus de 32 000 mots, ici encore, est une faible consolation Qu'aucun Français ne lise de fiction n'a aucune importance.

Ce n'est pas le cas de la non-fiction, domaine où le Français n'achètera pas moins de vingt traités pseudo-psychologiques sur les raffinements de la pensée française à travers les âges de Rabelais à Zola, en passant par le

whine of defiance. "I am totally a Frenchman," the Frenchman says with a great deal of childish gesticulation. "I may well be somewhat dwarfish due to the silly food I eat, I may well be dressed in the most vulgar way imitative of superior trans-Channel peoples, I may well be brusque and unmannerly and enjoy accordion music, I may well think that sex is fun, I may well have not washed since last Bastille Day, but, ah, ah, I am an intellectual."

The true Englishman will sigh and sadly shake his head at this. "Intellectual", perhaps quite rightly, is not a word often heard in the purlieus of Basingstoke or Rickmansworth.

Pulling himself up to his true average height of 1 metre 72, he will reflect that, for him, the Englishman is something of a joke, and in many cases, what?...in most cases...a bad joke.

It is on their first fog bound arrival on the little island that the gallant Frenchman sees his first glimpse of that legendary two faced "perfide Albion." "Welcome to Britain" the hoardings proclaim, and he is welcomed to Britain by having to stand in a queue for Europeans only while the baggy faced prim Englishman walzes through his own privileged entrance. So much for European cooperation, and the sullen "thank you" of the passport officer only serves to underline their cynical zenophobia.

And then perhaps he takes the train into London. Looking at his neatly manicured nails he can discount the utter filth of the trains as being a neccesary hiccup at the end of a long day, but he can not that the train is at least half an hour late. Here he will hear "sorry" the typical English ritual chant for the first time. Sorry that the train is late, sorry that there is no room on the bus, sorry that the restaurant, perhaps luckily, is incapable of providing a meal after the ballet, sorry that what normally should be done is not done. A sorry which seems to excuse any inefficiency.

And if the Frenchman mentions the lateness of the train to the Englishman next to him, the Englishman will, ah yes, again say "sorry, but this is after all British Railways."

With memories of Great Britain's early industrialization the true Frenchman will slap his thighs in utter gallic mirth at the proposed objectives of certain railway regions to ensure that ninety-five per cent of the trains will not arrive more than five minutes late. In France trains arrive on time. Surely in Thatcher there is a Mussolini to get things running on time? And it does all rather hit on the head the thesis that the only parts of Ariane, the European rocket that actually works are British. Sorry.

The adventurous Frenchman will look in vain for real English cooking, but if in fact he actually finds it he will run out gagging to the nearest imitation French restaurant run by a failed artist and his failed novelist mate on the strength of a two week holiday spent in the Dordogne. A mistake. The inept culinary plagiarism of this bogus bistro will lead him to spend the rest of his meals eating biscuits with a blanket over his head in the shivering discomfort of his hotel bedroom.

Liking to compliment a woman on her snappy turnout, the Frenchman will first be dismayed, then breathless with laughter, at

soporifique Proust et jusqu'à Astérix et à autres ridicules personnages de bandes dessinées.

Le cynique dira que tout ceci n'est que de la provocation pitoyable et geignarde. "Je suis complètement français" dit le Français avec de grands gestes enfantins: "je suis peut-être ridiculement petit à cause des choses étranges que je mange, je m'habille peut-être vulgairement en voulant imiter ces peuples supérieurs d'outre Manche, je suis peut-être grossier et mal élevé, et j'aime l'accordéon, je crois peut-être que l'amour c'est amusant et je ne me suis peut-être pas lavé depuis le dernier 14 Juillet, mais, ah, ah, je suis un intellectuel."

Le vrai Anglais poussera un soupir et hochera tristement la tête à cette idée "intellectuel", à tort ou à raison n'est pas un mot qu'on entend souvent dans les environs de Basingstoke ou de Richmansworth.

S'étirant de toute sa taille moyenne de 1 mètre 72 le Français se dira que pour lui, l'Anglais est plutôt une plaisanterie et dans bien des cas, en fait dans la plupart des cas une mauvaise plaisanterie.

C'est dès sa première visite embrumée dans la petite île que la galant Français entrevoit pour la première fois les deux visages de la perfide Albion. Bienvenue en Grande Bretagne disent les pancartes et il est accueilli en Grande Bretagne par une longue file d'attente pour Européens tandis que l'Anglais compassé avec ses poches sous les yeux se faufile en dansant par son entrée privilégiée. Si c'est ça la coopération européenne! Et le "thank you" lugubre de l'employé des passeports ne fait que souligner leur xénophobie cynique.

Puis il va prendre le train pour Londres.

Le regard rivé sur ses ongles impeccablement manucurés ne peut lui éviter de remarquer la saleté répugnante du train. Encore cela peut-il être mis sur le compte des inévitables hoquets de fin de journée, mais il sera plus difficile de trouver une excuse à la demie-heure de retard. Là, il entendra pour la première fois "sorry!" le chant rituel anglais. "sorry!" le train est en retard, "sorry!" il n'y a plus de places dans le bus, "sorry!" le restaurant ne sert plus après le spectacle (ce qui est peut-être aussi bien, en fait), "sorry!" ce qui devrait être fait n'est pas fait. Un "sorry!" qui semble pouvoir excuser toutes les inefficacités.

Et si le Français discute du retard du train avec l'Anglais assis à côté de lui, l'Anglais, ah oui, dira encore "sorry!" mais c'est British Rail, après tout'.

Le Français qui n'a pas oublié que c'est l'Angleterre qui a inventé l'industrie se tapera sur les cuisses de rire en lisant les objectifs que s'est fixée une certaine région de Grande Bretagne: 95% des trains ne doivent pas avoir plus de 5 minutes de retard! En France, les trains arrivent exactement à l'heure. Il y a surement en Thatcher un Mussolini qui sommeille pour faire arriver les trains à l'heure. Ce genre de publicité entame sérieusement la thèse suivant laquelle les seuls composants de la fusée Ariane qui marchent seraient britanniques. Sorry!

Le Français aventureux cherchera en vain de l'authentique cuisine anglaise, mais s'il la trouve vraiment, il se précipitera avec des hauts-le-coeur dans le premier faux restaurant français dirigé pa un artiste raté et son ami romancier raté après quinze jours passés en Dordogne. Quelle erreur! Le plagiat culinaire absurde de ce bistro

the average English woman's attempts to dress. That the male of the species should want to adorn himself in a general overall mossgrey to match his face and the appalling weather may be one thing, that his spouse should wear the kind of dress that went out with the fifties, with a bra that unequally supports the puddingly load is something quite different. And when an effort is obviously being made those overwide shoulders which owe even more to the Chicago Bears than to "Dallas", and those short uneven hemlines send him into torrents of laughter which gasping will allow him to reflect that after all the English must really be very undersexed. It must be down to all that desperately over-cooked meat and those soggy boiled to death vegetables. Undersexed. But then, why do Englishwomen always make up and set their hair as though they were auditioning for the Bluebell Girls?

And why should sex, which in France, at least, is meant for fun, be such a source of shame? No government in France has fallen pour cause de sexual peccadilloes. No French politician would hand over a bundle of used notes to silence a whore at a great railway terminus. No. Rather spread the word, let the message go out among his constituents, that he is bit of a lad. In Lille and points south this would be the real vote catcher. Ah no wonder the English wash so much. And it can't be good for the skin.

The Frenchman finds it a bit of a giggle too that in a country that bolsters up its deficiencies of today with memories of the past...its monarchy, though they, at least, are all lovely women, its guardsmen with silly zulu hats, its northern natives in skirts and vile vile music, its vapid inability to understand that the rest of the civilized world drives on the right, its lead heavy coinage, its insistence on leaving bottles of milk on the doorstep as though cardboard cartons of sterilized milk in the supermarkets had never been invented, its often repeated television series of colonial exploits in India, its flogging of children in insanitary old schools, its tribal warfare at any sporting occasion...well why is it then that the Englishman has no real grasp of history?

It is just the Englishman's laughable zenophobic arrogance? Has he really forgotten what they did to the surely elegant Joan of Arc (viz. Ingrid Bergman and Jean Seberg)? And English history books hardly feature the infamous Fashoda Incident, when a small peaceful expedition of French military explorers settled on the upper reaches of the Nile, not at all in retaliation for the English grabbing of the Suez Canal, only to be ejected by an overblown expedition led by the hip waggling Kitchener, who hardly pulled his weight in the first world war. Nor does the Englishman fully weigh the consequence of the great let down at Dunkirk and their subsequent bombing of the French fleet at Mers el Kebir.

Piffle, the Englishman says to all this, and cynically points out how they had given exile to the aristocrats during the Great Revolution, to the Bonapartists during the restored monarchy to Napolean III after his fall, and to de Gaulle when the Germans marched into France. The true Frenchman knows that the Englishman

factice lui fera prendre tous ses autres repas dans l'inconfort glacé de sa chambre d'hôtel, une couverture sur la tête: des biscuits et c'est tout.

Le Français qui aime bien complimenter une femme sur son élégance sera d'abord consterné puis s'étouffera de rire en face des tentatives que fait l'Anglaise moyenne pour s'habiller. Que le mâle de l'espèce se plaise à se parer d'une salopette gris souris bien assortie à sa figure et au temps épouvantable est une chose, mais que son épouse mette le genre de vêtement qui a disparu avec les années 50 par dessus un soutien gorge qui supporte inégalement ses lourds bourrelets en est une autre. Et quand par hasard elle fait manifestement un effort, ces épaules trop larges plus proches des Chicago Rams que de Dallas, ces ourlets trop hauts le feront hurler de rire et c'est entre deux hoquets qu'il se dira que les Anglais ne doivent pas beaucoup s'intéresser à l'amour. Ce doit être à cause de toute cette viande désespérémment trop cuite et de ces légumes bouillis à mort. Ca ne les intéresse pas, mais alors pourquoi les Anglaises se coiffent-elles et se maquillent-elles tous les jours comme si elles allaient passer une audition pour les Bluebell Girls?

Et pourquoi l'amour, qui en France est fait pour le plaisir, est-il ici si honteux? Aucun gouvernement français n'est jamais tombé pour cause de peccadilles sexuelles. Acun homme politique français n'achèterait le silence d'une prostituée d'une poignée de billets de banque en plein milieu d'une grande gare. Non, au contraire, mieux vaut étaler, faire passer le message à tous ses électeurs qu'il est un vrai mec. De Lille à Marseille, c'est un bon moyen de gagner des bulletins de vote. Ah ce n'est pas étonnant que les Anglais se

lavent tant. Et ça n'est surement pas bon pour la peau.

Autre chose qui fait bien ricaner le Français. Pour un pays qui compense les faiblesses du présent par les souvenirs du passé . . . sa monarchie, là au moins il y a de jolies femmes, ses gardes avec leurs drôles de chapeaux zoulous, ses indigènes du Nord avec leurs jupes et leur atroce musique, son incapacité à comprendre que le reste du monde civilisé roule à droite, sa lourde monnaie de plomb, son insistance à laisser les bouteilles de lait sur le pas des portes comme si les briques en carton de lair stérilisé qu'on trouve dans les super marchés n'avaient jamais été inventées, ses rediffusions de séries télévisées sur leurs exploits coloniaux aux Indes, ses coups de fouet aux enfants dans de vieilles écoles insalubres, ses guerres de tribus à l'occasion de n'importe quel évènement sportif . . . bon, pourquoi donc les Anglais n'ont-ils aucune idée de la vérité historique?

Ne serait-ce que l'arrogance xénophobe et dérisoire de l'Anglais?

A-t-il vraiment oublié ce qu'ils ont fait à l'élégante Jeanne d'Arc (cf Ingrid Bergmann et Jean Seberg)? Et les livres d'histoire anglais n'évoquent guère l'infâme incident de Fachoda, où une petite expédition paisible d'explorateurs militaires français installés en amont du Nil pas du tout en représailles contre l'annexion du canal de Suez par les Anglais, se firent expulser par une expédition surdimensionnée menée par un Kithchener frétillant des hanches, qui ne s'est pas trop fatigué pendant la Première Guerre Mondiale. L'Anglais n'a pas complètement pesé les conséquences de l'abandon de Dunkerque et du bombardement de Mers el Kebir qui suivit.

only did this in direct opposition to what was going on in France at the time. In fact to generally bug the French. Sorry.

No, the Frenchman knows that the essential problem of the Englishman is that he is full of complexes.

Not only has fate conspired to put them on a small fog-bound island out of the mainstream of European culture and intellectual endeavour, not only did they let down the gallant French poilu in the first world war, not only have they lost their Empire which, when colonialization was the name of the game, embraced some of the most insalubrious parts of the globe, Australia, New Zealand, the Falklands and the equally foggy Hong Kong, not only do they have to share their painfully bastardized language with the Irish and, worse, my god, the Americans, not only do they feel they have to suppress whatever mild sexual stirrings that may, or may not, sidle up to them by constant washing and tasteless food, not only are their general dealings with the rest of the world a constant litany of me first and ineptitude half concealed under a two faced politeness, but, but they are convinced that their true contribution to world advancement has been in the realm of sport. That they have invented games of the most oblique boredom may be one thing. That they rarely seem to win at them when playing other nations foolish enough to adopt them is another. But "Sorry," they whisper beneath the rioting and baying of their supporters, "playing the game is the thing. Not the winning."

The cynic, and there are cynics in France, may well say that this is a pitiful whine of

defiance. "I am a true Englishman," the Englishman says in a tight lipped mumble, his hands stiffly by his side, "I may well be somewhat bulgy due to the frightful food I eat, I may well be dressed in a laughably dull way, I may well be hypocritcally polite, I may well be totally undersexed, I may well use 32 bars of geranium scented soap a year, but, ah, ah I am a sportsman.

The true Frenchman will shake his head sadly at this. In the purlieus of Sanary sur Mer and Sarlat le Canéda "Sportsman" is a word rarely used. The game is to be won and the sitting duck to be shot.

But the time has come for a second Great Entente Cordiale.

Already under the English Channel, men, and possibly women are delving away with their little shovels and, if the two ends ever do meet up, strange things might happen.

Manure perfumed cheese might appear on the tables of Basingstoke.

Scented soap sales might take an upward turn in Sarlat le Canéda.

A train on the South West region of the British Railways might arrive on time for two weeks on the trot (um?).

There might be cricket on the Champs de Mars.

Five to seven might become the perfumed moment of dalliance in Rickmansworth rather than the booze up time before slouching home.

Frenchmen might sip the old Darjeeling on the boulevard St-Michel.

An Englishman might start waving his hands about and a Frenchman might say "sorry".

Britannia and Marianne of France,

Foutaises, répond l'Anglais à tout cela et il rappelle avec mépris qu'il a accueilli les aristocrates en exil pendant la Grande Révolution, les Bonaparatistes pendant la Restauration, Napoléon III après sa chute et de Gaulle pendant que les Allemands envahissaient la France. Le vrai Français sait bien que l'Anglais n'a fait ça que parce que c'était dirigé contre ce qui se passait à ce moment là en France. Sorry.

Non, le Français sait bien que le problème essentiel de l'Anglais, c'est qu'il est plein de complexes. Non seulement la fatalité les a déposés sur leur petite île brumeuse en dehors des courants de la culture européenne et de ses préoccupations intellectuelles, non seulement ils ont laissé tomber les vaillants poilus français pendant la Première Guerre Mondiale, non seulement ils ont perdu leur empire qui, au temps de la colonisation englobait quelques unes des parties les plus insalubres de la planète, l'Australie, la Nouvelle Zélande, les Malouines et le brumeux Hong Kong, non seulement ils doivent partager leur langue douloureusement bâtardisée avec les Irlandais, et pire, mon Dieu, avec les Américains, non seulement ils croient qu'ils doivent réprimer le moindre frémissement sexuel, ou si c'est impossible, le tromper en se lavant constamment et en mangeant une nourriture insipide, non seulement leurs relations avec le reste du monde sont une éternelle litanie de moi d'abord et de sottises a moitié occultées par une politesse à deux visages, mais, mais ils sont convaincus que leur vraie contribution au progrès du monde est dans le royaume des sports. Qu'ils aient inventé les sports du plus mortel ennui est une chose. Mais qu'ils gagnent rarement quand

ils les pratiquent contre un autre pays assez fou pour les avir adoptés en est une autre. Mais, "sorry!" murmurent-ils au milieu des aboiements et des bagarres de leurs supporters, "l'important, c'est de participer. Pas de gagner".

Le cynique, et il y a des cyniques en France, peut bien dire que tout ceci n'est que de la provocation pitoyable et geignarde.

"Je suis un vrai Anglais," dit l'Anglais les lèvres serrées, les bras bien raides le long de son corps, "je suis peut-être un peu enveloppé a cause de l'horrible nourriture que je mange, je suis peut-être habillé de façon ridicule et peu brillante, je suis peut-être hypocritement poli, je trouve peut-être l'amour totalement sans intérêt, je consomme peut-être 32 savonnettes au géranium par an, mais, ah, j'ai l'esprit sportif.

Le vrai Français hochera tristement la tête à ces mots. Dans les environs de Sanary sur Mer ou de Sarlat-La Canéda, "esprit sportif" est une expression rarement utilisée. Les matchs sont faits pour être gagnés et les canards boîteux pour être tués.

Mais le moment est venu d'une seconde Entente Cordiale.

Déjà, sous la Manche, des hommes et, qui sait, des femmes, fouillent le sol avec leurs petites pelles et si les deux bouts se rencontrent un jour, il va se passer des choses bizarres.

Des fromages à la bonne odeur de fumier vont apparaître sur les tables de Basingstoke.

Les ventes de savon parfumé vont s'envoler à Sarlat-La Canéda.

Un train de British Railways va arriver à l'heure tous les jours pendant 15 jours

bosoms straining through the haute couture, hand in hand resolutely facing the world?

The Second Great Entente Cordiale looms. But wait, what do we really think of each other?

A wise Italian and would-be European Napoleone Boanaparte said "A picture is worth a thousand words." (Or was it Charlton Heston at the whim of some Hollywood hack?)

Cordially, here is some 150,000 odd words worth in the first battle of the cartoonists for our Great Entente Cordiale.

James Darwen.

d'affilée dans la région du Sud-Ouest. (um!)

On va jouer au cricket sur le Champ-de-Mars.

Cinq à sept pourrait devenir l'heure du flirt à Rickmansworth au lieu d'être celle de la cuite avant de se trainer à la maison.

Les Français pourraient siroter du Darjeeling sur le Boulevard Saint-Germain.

Un Anglais pourrait se mettre à faire de grande gestes et un Français à dire ''pardon''.

Britannia et Marianne de France, le buste bien pris dans leurs robes haute couture, main dans la main, affrontant le monde?

La seconde Entente Cordiale est imminente. Mais, au fait, que pensons-nous vraiment les uns des autres?

Un Italien fort sage et le futur Européen Napoleone Buonaparte ont dit ''un dessin vaut bien mille mots'' (ou était-ce Charlton Heston obéissant à la fantaisie d'un écrivassier d'Hollywood?)

En voilà donc pour 150 000 mots dans la première bataille entre dessinateurs humoristes pour notre Grande Entente Cordiale.

James Darwen

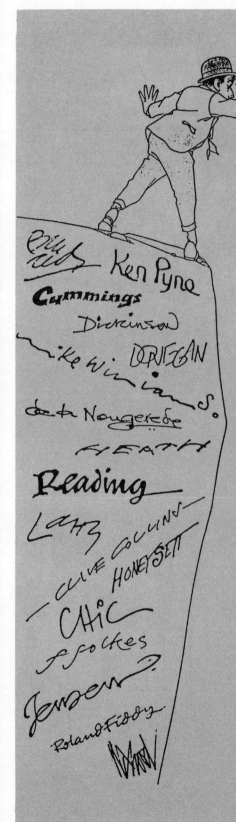

THE ENGLISH TAKE AIM
LES ANGLAIS VISENT

"After you."
"Non, non, après vous."
"After you."
"Non, non. Après vous."
"Please."
"Je vous en prie.
"Um…"
"Si, si…"
"Um…sorry."

"Messieurs les anglais, tirez les premiers."
"Gentlemen of England, shoot first."

"Messieurs les gardes françaises, tirez."
"Gentlemen of the French Guard, fire."

(Attributed equally to the French and British
commanders at the Battle of Fontenoy 1745.
*Attribué egalement au commandeurs
britannique et français lors de la bataille de
Fontenoy 1745.)*

Consequences of the Channel tunnel (1)

"I have nothing to declare except 900 years of antipathy towards the French."

"Je n'ai rien d'autre à declarer, que 900 ans d'antipathie contre les Français."

"We come each year to try to cure uncle Pierre's hatred of the English."

"Nous venons tous les ans pour essayer de guérir Oncle Pierre de
sa haine contre les Anglais."

("Nous avons gagné la guerre pour vous. Sans nous, vous seriez où.")

"Monsieur est servi."

"The French have always
wanted to dominate the world."
"Les Français ont toujours voulu
dominer le monde."
(C.E.E. Tarifs agricoles.)

"They eat horses and invented nouvelle cuisine."

"Ils mangent des chevaux et ils ont inventé la Nouvelle Cuisine."

"When there were already
dozens of perfectly good ways to
execute people, they decided to
invite a doctor to devise
another one."

"Quand il existait déjà des
douzaines d'excellentes manières
de tuer les gens ils ont décidé de
demander à un medecin d'en
inventer une autre."

27

"They are not courteous drivers."

"Ils ne sont pas courtois au volant."

"...and they play the best rugby J've seen."

"...et ils jouent le meilleur rugby que j'ai jamais vu."

"People don't believe me when I tell them that my car runs on wine."

"Les gens ne me croient pas quand je leur dit que ma voiture marche au vin."

"Do you walk about on other people's food in England?"

"Vous piétinnez sur la bouffe des autres en Angleterre?"

"No, I'm Alexandre Toulouse-Lautrec. My brother couldn't come."

"Non, moi, je suis Alexandre Toulouse-Lautrec. Mon frère n'a pas pu venir."

"The Foreign Legion is world famous."

"La Légion Étrangère est connue dans le monde entier."

(toi et tes vacances charters.)

"Well monsieur Robespierre, you've certainly given politics a shot in the arm."

"Et bien monsieur Robespierre, vous avez donné un sacré coup de fouet à la politique."

"C'est dégoutant, madame Thatcher! Pour qui vous prenez-vous —
vous vous conduisez comme un Français."

"Goodness, lunchtime already"

"Ciel, déjà l'heure du dejeuner"

"It all started when someone mentioned Crécy."

"Tout a commencé quand quelqu'un a parlé de Crécy."

"The French love Kissing."

"Les Français adorent s'embrasser."

"The French love Food."

"Les Français adorent manger."

"The French love Art."

"Les Français adorent l'Art."

"20 francs for onions, Bloggs? Bally frogs must think we're made of money."

"20 francs pour des oignons, Bloggs? Ces sacrés grenouilles doivent penser que nous sommes bourrés de fric."

"And will Madame be eating as well?"

"Et madame, mangera-t-elle aussi?"

"Of course getting the right staff is the problem."

"Bien sûr, le problème, c'est de trouver le bon personnel."

"See! The French were the first to send over hooligans."

"Tu vois. Ce sont les Français qui ont commencé à envoyer des hooligans."

"The French love the Eiffel Tower."

"Les Français adorent La Tour Eiffel."

Reading

"Topless sunbathing isn't compulsory, you know, Mildred."

"Le bronzage seins nus n'est pas obligatoire, tu sais, Mildred."

"I can't stand people who play with their food."

"Je ne supporte pas les gens qui jouent avec la nourriture."

"Bureaucracy by Picasso."

"La Bureaucratie de Picasso."

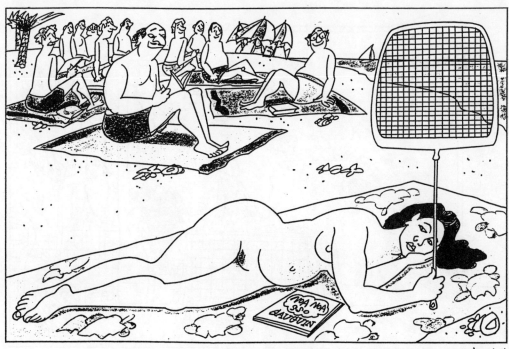

"Sunbathing by Gauguin."

"Le Bain de Soleil de Gauguin."

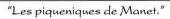
"Picnics by Manet."

"Les piqueniques de Manet."

"Food by Salvador Dali."

"La Nourriture de Salvador Dali."

"Of course by the 20th century who knows what we'll be capable of."

"Bien sûr qui sait de quoi on sera capable d'ici le vingtième siecle."

"All Frenchmen hate the English. They also hate Americans, Germans, Italians, Danes, Dutchmen, Algerians and Belgians. Other foreigners they just dislike intensely."

"Tous les Français haïssent les Anglais. En plus ils haïssent les Américains, les Allemands, les Italiens, les Danois, les Hollandais, les Algériens, et les Belges. Les autres étrangers, ils ne font que les détester cordialement."

"French women have an innate sense of grace, of poise, of style. Sadly, none of these qualities manage to survive marriage."

"Les Françaises ont un sens inné de la grâce, de la prestance, du style. C'est bien triste, mais aucune de ces qualités n'arrive à survivre au mariage."

"Frenchmen either love women or hate them. Those who love them marry and have lots of mistresses. Those who hate women become fashion designers."

"Soit les Français adorent les femmes, soit ils les détestent. Ceux qui les adorent, se marient et prennent beaucoup de maîtresses. Ceux qui les détestent, deviennent stylistes de mode."

"Because les Flics are so detested, they tend to shoot first and ask questions afterwards. The reason why they are detested is that they tend to shoot first and ask questions afterwards."

"Parce que les flics sont tellement détestés, ils ont tendance à tirer d'abord et à poser les questions après. Pourquoi sont-ils tellement détestés: parce qu'ils tirent d'abord et posent les questions après."

"The French enjoy the sensuous pleasures of eating. They make ceremonies of meals and believe other nations would benefit from adopting their habits. Ethiopians are known to agree."

"Les Français goûtent les plaisirs sensuels de la table. Ils en font des cérémonies rituelles et croient que les autres pays pourraient tirer profit d'adopter leurs habitudes. Il paraît que les Éthiopiens sont d'accord."

"It always happens…the tourists move in and the artists move out."

"C'est toujours comme ça…les touristes se pointent et les artistes déménagent."

This one aux raisins

Celui-ci aux raisin

"Your father must be very keen on his new mistress. He wants to
bring her home for dinner."

*"Votre père doit être très attaché à sa nouvelle maîtresse. Il veut
l'amener diner à la maison."*

"Bonjour madame — I am selling onions to raise money for the Channel tunnel."

"Bonjour madame — je vends des oignons pour payer le tunnel sous la manche."

"That's what I love about the French, my dear. Their amazing talent to amuse!"

"Ca c'est ce que j'adore chez les Français, ma chère. Leur étonnant talent pour nous distraire."

("Si moi, je ne ressemble pas au Français typique, vous, vous ne ressemblez pas à l'Anglais typique.")

"Paris is an old Hollywood film set."

"Paris est un vieux plateau de tournage d'Hollywood."

(il ne partira pas avant de voir Quasimodo.)

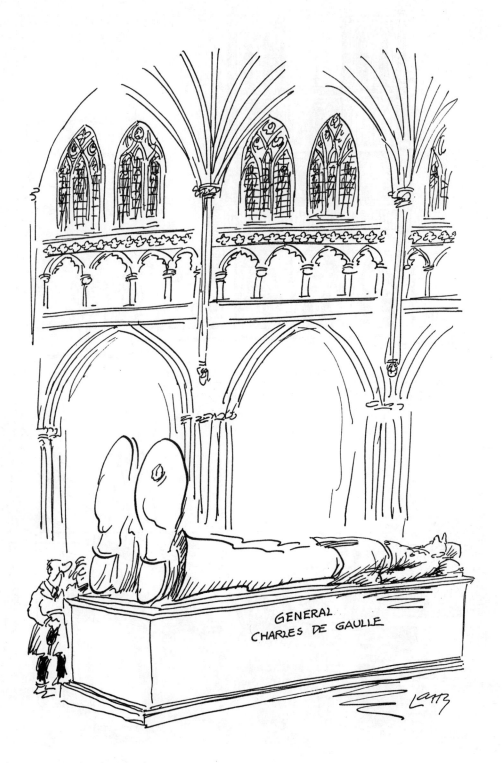

"You've got to admit, gentlemen, J've avenged Agincourt, Blenheim, Trafalgar, and now Waterloo."

"Vous êtes bien obligé d'admettre, Messieurs, que je me suis vengé d'Agincourt, de Blenheim, de Trafalgar, et maintenant de Waterloo."

(To have chips on the shoulder. Avoir des complexes. lit: avoir des copeaux de bois sur l'épaule.)

"What a coincidence, it's the same people we crashed into last year."

*"Quelle coïncidence, ce sont les mêmes gens avec qui on a eu
l'accident l'année dernière."*

"Give me one good reason, Doris, why we should assist those damn
French to dig a tunnel through to this fair land of ours."

*"Donne-moi une seule bonne raison, Doris, pour qu'on doive aider
ces damnés Français à creuser un tunnel jusque chez nous."*

"The French are too intellectual by half."

"Les Français sont bien trop intellectuels."

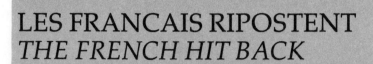

LES FRANCAIS RIPOSTENT
THE FRENCH HIT BACK

"Alors…"
"Sorry, sorry…"

"La garde meurt et ne se rend pas.
Mmmmmmmmmmmmazette."
"The guard dies but will never surrender.
Sssssssssssshucks."

(Attribué à tort à Général Cambronne à la
bataille de Waterloo. 1815.
Incorrectly attributed to General
Cambronne at the battle of Waterloo. 1815.)

Soulas
Bridenne
patton
MOSE
NICOULAUD
Guz PROVOOST
cabu
BARBE
SABATIER
Blachon
LEFRED-THOURON
Kerleroux
diquet
MAJA
avoine

Non. Pas le Thé!!

Consequences of the tunnel—No not tea, too.

Welcome!

Peace and love.

—Guz PROVOOST—

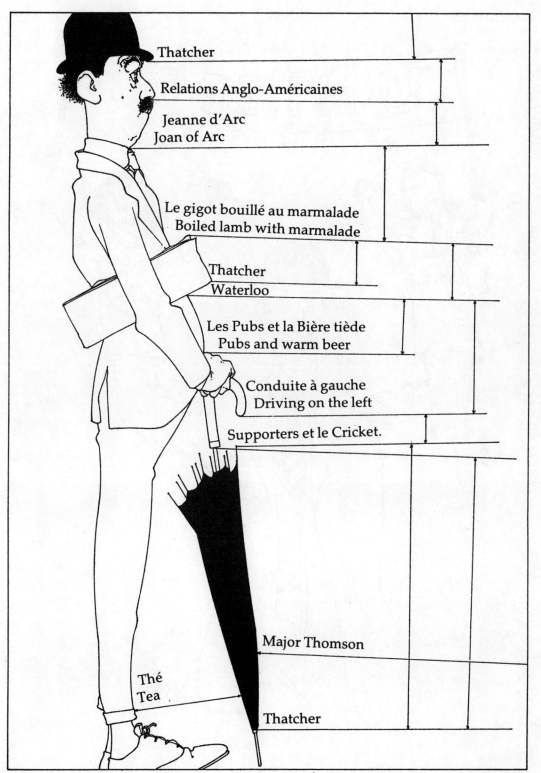

Thatcher

Relations Anglo-Américaines

Jeanne d'Arc
Joan of Arc

Le gigot bouillé au marmalade
Boiled lamb with marmalade

Thatcher

Waterloo

Les Pubs et la Bière tiède
Pubs and warm beer

Conduite à gauche
Driving on the left

Supporters et le Cricket.

Major Thomson

Thé
Tea

Thatcher

avoine.

The English have a hazy idea of Geography.

"Who are the people who live behind England?"

"They are the poor sad people who don't drink tea at 5 o'clock."

TONNEL SOUS LA MANCHE : l'incompréhension demeure !

The tunnel under the channel: misunderstandings persist.

TOUTE L'ANGLETERRE... (retournez le dessin)

...ET TOUTE LA FRANCE !

All England (turn the picture)

...and all France!

La Sportivité

Sportsmanship.

LA PEDAGOGIE

La formation des enseignants.

Teacher training.

Loneliness at Home

Solitude à deux

Kerueroux 85

VICTORIA — SHERLOCK HOLMES :
c'était juste un flirt sans importance !

"It was just one of those things!"

"Frogs' legs."

Cheese
Overripe camembert.

The English respect the Royal family and believe in God. But their
true religion is tea.

"Even their beer tastes of tea."

Le crise? Quel crise?

Crisis? What crisis?

Crisis? What crisis?

Travailler du chapeau

Passing the hat.

FRANÇAIS EXPLIQUANT
À UNE ANGLAISE LE PRINCIPE
DU TUNNEL SOUS LA MANCHE.

A Frenchman explains to an Englishwoman how the Channel tunnel
works.

Tunnel sous la manche. Obus Luchaire. En option: possibilité de
transformer le tunnel en Grosse Bertha

Channel tunnel. Heavy shell. Optional extra: transformation of tunnel
into Big Bertha (ultra heavy German cannon in WW1.)

What's more the princess and I only read France Dimanche.
(France Dimanche is a newspaper that specializes in reports of
divorces, abdications, and general misdoings of the British royal
family. The Queen apparently has threatened to divorce or abdicate
some 485 times.)

Chaaaarles!

Ùgh! un anglais

Ugh! an Englishman.

In France the weather is shown by a frog; in England by a roast beef. (Rosbeef=englishman.)

SUPPORTER ANGLAIS
DE FOOT-BALL-

SUPPORTER FRANÇAIS
DE POLO-

"Poor thing!"

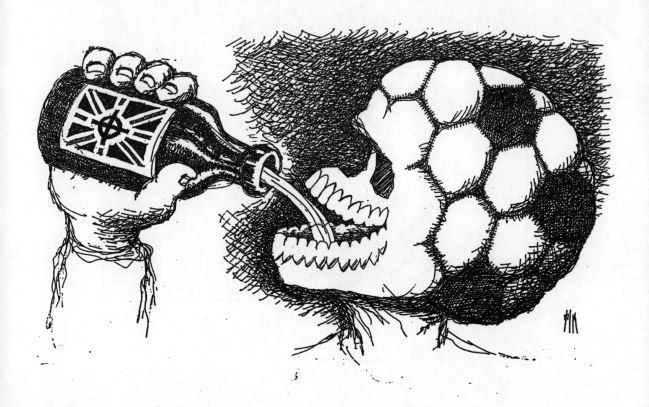

Faire la pluie et le beau temps

Good times, hard times.

Trafalgar – 21 October – 1805

Young hooligans in front of their haggis.

(The French are much impressed by haggis. Stuffed ewe's belly.)

ANGLAIS BRULANT UN FEU À ROUEN

(lit "burning a fire." ie shooting the lights. Joan of Arc was burnt at Rouen.)

angleterre + irlande + ecosse = Grande Bretagne

australie + Bangladesh + BOSTSWANA

CHYPRE + REP DOMINIQUE + CANADA

GAMBIE + GHANA + INDE

JAMAÏQUE + KENYA + MALAWI

MALAYSIA + NIGERIA + NEW ZELANDE

OUGANDA + SRI-LANKA + ZIMBABWE =

COMMONWealtH -

Bridenne

Ice-cream de Lèse Majesté

"...et leurs tailleurs sont riches."

"...and their tailors are rich."

(foggily, after the opening phrase of standard English language
learning book.)

L'ANGLETERRE,
TERRE DE CONTRASTE

England, land of contrasts.

Dimanche tranquil à Buckingham Palace

A quiet Sunday at Buckingham Palace

LES ANGLAIS ADORENT BRULER LES PUCELLES.

The English love to burn virgins.

"Are you sure you're not a heretic?"

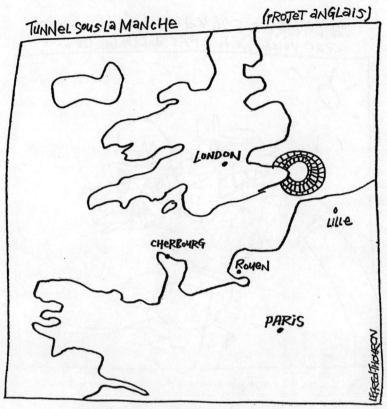

Channel tunnel (the English plan).

L'ANGLETERRE...

(ON peut apporter son manger)

England....(bring your own food).

In London, if there is sun, it means that you are not in London.

"I say! it's disgusting!"

"Ooh."

"No sir...I think it's boiled!"

The English come closer to the Continent. "Not too close, though."

"Excellent your tea!"

Englishman speaking French to a Frenchman speaking English.

An Englishman exporting frogs and French gasteropodes
"Now animals, you are under the protection of the Crown."

"They say you have an excellent taste."

"I think that's an exaggeration."

Sweet old ladies kill off their nearest and dearest to fritter away their heritage on their cats.